PAUL FABRE

—

REGISTRUM CURIÆ

PATRIMONII BEATI PETRI IN TUSCIA

Extrait des Mélanges d'archéologie et d'histoire
publiés par l'École française de Rome, t. IX.

ROME
IMPRIMERIE DE LA PAIX, PHILIPPE CUGGIANI
Place della Pace, 35.
1889

TABLE DES MATIÈRES

CONTENUES DANS LES *MÉLANGES.*

La succession du pape Félix IV. — P. DE NOLHAC, Lettres inédites de Paul Manuce. — Georges DIGARD, Boniface VIII et le recteur de Bretagne. — Ch. POISNEL, Recherches sur l'abolition de la *Vicesima hereditatium*. — Paul FABRE, Etude sur un manuscrit du *Liber censuum* de Cencius Camerarius. — René GROUSSET, Un sarcophage chrétien inédit. — Ch. GRANDJEAN, Documents relatifs à la légation du cardinal de Prato en Toscane. — Edm. LE BLANT, Les ateliers de sculpture chez les premiers Chrétiens. — Bibliographie: La *Table de Bantia* de M. ESMEIN. — A. ESMEIN, Les *Latini Juniani*. — 10 planches.

Tome IV (1884). — Léopold DELISLE, Authentiques de reliques de l'époque mérovingienne. — Ernest LANGLOIS, Bulle relative à une élection de Jacques de Arena à l'Université de Padoue. — Charles LÉCRIVAIN, Remarques sur les formules du *Curator* et du *Defensor civitatis* dans Cassiodore. — P. DE NOLHAC, Les collections d'antiquités de Fulvio Orsini. — L. DUCHESNE, L'historiographie pontificale au VIIIe siècle. — Eug. MUNTZ, Les arts à la cour des papes. — P. DE NOLHAC, Les peintures des manuscrits de Virgile. — René GROUSSET, Le bœuf et l'âne à la nativité du Christ. — Maurice PROU, Statuts d'un chapitre général bénédictin à Angers, 1220. — Ch. LÉCRIVAIN, Le mode de nomination des *Curatores reipublicae*. — Edm. LE BLANT, De quelques types des temps païens reproduits par les premiers fidèles. — Paul FABRE, Le patrimoine de l'Eglise romaine dans les Alpes Cottiennes. — Nécrologie. — 14 planches.

Tome V (1885). — V. BLAVETTE, Le Panthéon de Rome, restauration de la palestre des thermes d'Agrippa. — C. LÉCRIVAIN, Le partage oncial du *fundus* romain. — Ernest LANGLOIS, Le manuscrit Ottobonien 2523. — R. DE LA BLANCHÈRE, Villes disparues. *Conca*. — Edm. LE BLANT, Notes sur quelques actes des martyrs. — Ern. LANGLOIS, La Somme Acé. — J. B. DE ROSSI, Le martyrologe hiéronymien. — L. DUCHESNE, Les sources du martyrologe hiéronymien. — R. GROUSSET, Le Bon Pasteur et les scènes pastorales dans la sculpture funéraire des Chrétiens. — A. BERTHELOT, Ecrits mathématiques du moyen-âge. — A. ESMEIN, Débiteurs privés de sépulture. — Edm. LE BLANT, Un sarcophage chrétien récemment découvert à Rome. — G. LUMBROSO, Un doute au sujet de Trogue Pompée. — M. PROU, Additions et corrections au *Gallia christiana*, d'après les Registres d'Honorius IV. — Ch. LÉCRIVAIN, Sur le recrutement des avocats dans la période du Bas Empire. — P. DE NOLHAC, Jacques Amyot et le décret de Gratien. — P. FABRE, Sur un manuscrit de la chronique de Jordanus. — André PÉRATÉ, Note sur le groupe de Panéas. — Georges DIGARD, Deux documents sur l'église de S. Maximin en Provence. — O. JULLIAN, *Caius Serenus proconsul Galliae Transalpinae*. — Pierre BATIFFOL, *Evangeliorum codex graecus purpureus Beratinus* b. — H. DOULCET, Sur une fresque de S. Martin des Monts. — M. PROU, Inventaire des meubles du cardinal Geoffroi d'Alatri, 1287. Bibliographie. — Nécrologie. — 16 planches.

Tome VI (1886). — Ch. POISNEL, Un concile apocryphe du pape S. Silvestre. — Charles ROBERT, Arcantodan, nom commun gaulois. — L. DUCHESNE, Topographie de Rome au moyen-âge. — A. MARTIN, Les cavaliers et les processions dans les fêtes athéniennes. — H. ALBANÈS, La chronique de S. Victor de Marseille. — Ch. LÉCRIVAIN, La juridiction fiscale d'Auguste à Dioclétien. — Ed. CUQ, De la nature des crimes imputés aux Chrétiens, d'après Tacite. — P. DE NOLHAC, Recherche sur un compagnon de Pomponius Laetus. — P. FABRE, Les vies de papes dans les manuscrits du *Liber censuum*. — Ch. DIEHL, Le monastère de S. Nicolas di Casole près d'Otrante, d'après un manuscrit inédit. — Paul DURRIEU, Etudes sur la dynastie angevine de Naples. Le *Liber donationum Caroli primi*. — Edm. LE BLANT, De quelques sujets représentés sur des lampes en terre cuite de l'époque chrétienne. — Léop. DELISLE, Virgile copié au Xe siècle par le moine Rabingus. — P. DE NOLHAC, Inventaire des manuscrits grecs de Jean Lascaris. — L. DUCHESNE, Un mot sur le *Liber pontificalis*. — M. PROU, Monnaie de Polémon II, roi du Pont. — Edm. LE BLANT, Sur une mosaïque découverte au Palais Farnèse. — A. PÉRATÉ, La mission de François de Sales dans le Chablais. — A. ESMEIN, Quelques renseignements sur l'origine des juridictions privées. — L. AUVRAY, Sur le cartulaire de N. D. du Bourgmoyen de Blois. — Ern. LANGLOIS, Le rouleau d'*Exultet* de la Bibliothèque Casanatense. — M. DESROUSSEAUX, Sur quelques manuscrits d'Italie. — Léon G. PÉLISSIER, Les amis d'Holstenius. — M. DESROUSSEAUX, A propos d'une épitaphe grecque. — 9 planches.

Tome VII (1887). — P. DE NOLHAC, Pétrarque, appendice au «Canzonière» autographe. — Ch. ROBERT, Formes et caractères des médaillons antiques de bronze relatifs aux jeux. — Maurice FAUCON, Détention de Rienzi à Avignon. — P. FABRE, Un registre caméral du cardinal Albornoz en 1364. — Edm. LE BLANT, Le christianisme aux yeux des païens. — M. DESROUSSEAUX, Sur le fragment crypto-tachygraphique du *Palatinus graecus* 78. — R. DE LA BLANCHÈRE, Les *ex-voto* à Jupiter Poeninus. — Edm. LE BLANT, De quelques objets antiques représentant des squelettes. — R. CAGNAT, Sur le *Praefectus urbi* appelé à tort Aconius Castullinus. — Léon CADIER, Bulles originales du XIIIe siècle conservées dans les archives de Navarre. — S. GSELL, Etude sur le rôle politique du Sénat romain à l'époque de Trajan. — R. DE LA BLANCHÈRE, Découverte d'une place à Terracine. — Pierre BATIFFOL, Inscriptions Byzantines de S. Georges au Vélabre. — Paul FABRE, Un nouveau catalogue des églises de Rome. — L. AUVRAY, Une source de la *Vita Roberti regis* du moine Helgand. — H. NOIRET, Huit lettres inédites de Démétrius Chalcondyle. — 9 planches.

Tome VIII (1888). — P. DE NOLHAC, Giovanni Lorenzi, bibliothécaire d'Innocent VIII. — M. PROU, Notice et extraits du manuscrit 868 fonds de la reine au Vatican. — Edm. LE BLANT, Les Chrétiens dans la société païenne aux premiers âges de l'Eglise. — R. DE LA BLANCHÈRE, La poste sur la Voie Appienne de Rome à Capoue. — S. GSELL, Notes d'épigraphie. — E. MÜNTZ, Sources de l'archéologie chrétienne dans les bibliothèques de Rome, Florence et Milan. — L. CADIER, Les bulles d'or des archives du Vatican. — Ch. LÉCRIVAIN, L'appel des juges jurés sous le Haut Empire. — Edm. LE BLANT, Note sur une coupe de verre gravé découverte en Sicile. — Ch. GRANDJEAN, Benoît XI avant son pontificat. — Edm. LE BLANT, D'un nouveau monument relatif aux fils de Sainte Félicité. — P. BATIFFOL, Librairies byzantines à Rome. — Ch. DIEHL, Deux manuscrits à miniatures de la Bibliothèque de l'Université de Messine. — Orazio MARUCCHI, Un antico busto del Salvatore trovato nel cimitero di San Sebastiano. — Etienne MICHON, L'administration de la Corse sous la domination romaine. — A. ESMEIN, Un contrat dans l'Olympe homérique. — Henri STEVENSON, Sur les tuiles de plomb de la basilique de S. Marc ornées des armoiries de Paul II et de médaillons de la Renaissance. — J. B. DE ROSSI, L'inscription du tombeau d'Adrien Ier, composée et gravée par ordre de Charlemagne. — Edm. LE BLANT, D'un sarcophage découvert près de la Via Salaria. — Alcide MACÉ, Un important manuscrit de Solin. — L. DUVAU, Glossaire latin-allemand, extrait du manuscrit Vat. Reg. 1701. — **Bibliographie.** — 15 planches.

Les *Mélanges d'archéologie et d'histoire* publiés par l'École française de Rome forment à la fin de l'année un volume de 25 feuilles environ, avec planches, qui paraît en cinq fascicules à 4 francs. Les huit premiers volumes (1881-1889) sont en vente à Paris chez l'éditeur Thorin, 7, rue de Médicis, et à Rome chez Spithöver, place d'Espagne. Les fascicules ne se vendent pas séparément.

Rome 1889. IMPRIMERIE DE LA PAIX, Philippe Cuggiani, Via della Pace, 35.

PAUL FABRE

REGISTRUM CURIÆ

PATRIMONII BEATI PETRI IN TUSCIA

Extrait des MÉLANGES D'ARCHÉOLOGIE ET D'HISTOIRE
publiés par l'École française de Rome, t. IX.

ROME
IMPRIMERIE DE LA PAIX, PHILIPPE CUGGIANI
Place della Pace, 35.
1889

REGISTRUM CURIÆ
PATRIMONII BEATI PETRI IN TUSCIA

Le *Patrimonium beati Petri in Tuscia* est la partie de la Toscane comprise dans les limites de l'Etat pontifical.

Au XIIe siècle, les expressions de *Patrimonium b. Petri, Patrimonium ecclesiæ Romanæ, Hereditas Sancti Petri* étaient équivalentes; elles désignaient, d'une manière générale, les Etats de l'Eglise (1).

Sous Innocent III, le domaine de Saint Pierre s'étendit considérablement; il s'accrut de provinces toutes faites, qui avaient depuis longtemps leur nom, leur unité et leur physionomie, comme le Duché de Spolète et la Marche d'Ancône; il s'accrut aussi d'un certain nombre de villes isolées, de villes Toscanes pour la plupart, comme Pérouse, Città di Castello, Todi et Gubbio. J'ai montré ailleurs (2) comment ces villes, après avoir été tout d'abord incorporées dans le Duché de Spolète, en avaient été ensuite distraites, pour être réunies administrativement aux pays que l'Eglise possédait déjà au nord de Rome, c'est-à-dire aux autres diocèses Toscans (*in Tuscia*) qui faisaient partie du *Patrimonium b. Petri*. A la même époque, les provinces de l'Eglise situées au sud de Rome se groupaient sous un recteur commun et formaient, au point de vue administratif, la *Campania et Maritima* (3).

<hr>

(1) Voy. *Vita Hadriani IV*, dans Watterich, *Vitæ Rom. Pont.*, II, p. 885; cf. acte d'Alexandre III, dans Theiner, *Codex diplomat. dominii temporalis S. Sedis*, I, p. 20, n° XXVII.

(2) *Le Liber Censuum de l'Eglise Romaine*, fascicule 1er (1889), pag. 80, col. 1, note 2.

(3) Le diplôme d'Othon IV en faveur de l'Eglise Romaine comprend encore sous une désignation commune la *tota terra quæ est a Radicofano usque Ceperanum* par opposition aux autres divisions de l'Etat pontifical, telle que la Marche, l'Exarchat, la Pentapole.

Les pays Toscans réunis sous la domination du Saint Siège se distinguaient peu des autres pays Toscans ; leur groupement était aussi factice que récent ; ils ne formaient pas un corps suffisamment homogène pour avoir un nom particulier ; ils constituaient purement et simplement les possessions du Saint Siège en Toscane, *Patrimonium b. Petri in Tuscia*. C'est ce qui ressort très bien de la bulle par laquelle Honorius III confiait, en 1227, l'administration de tous ces pays à Jean de Brienne: *totum patrimonium quod habet ecclesia Romana a Radicofano usque Romam* (1).

Aussi y eut-il, à travers tout le XIII⁰ siècle, de nombreux changements dans les limites de cette division administrative qu'on appelait désormais le *Patrimonium b. Petri in Tuscia*. Ameria, Todi, Terni, Narni furent de nouveau, pendant quelque temps, rattachées au Duché de Spolète (2). Mais, à la fin du XIII⁰ siècle, le *Patrimonium in Tuscia* était définitivement constitué dans les limites qu'il devait garder désormais: il comprenait les pays possédés par l'Eglise à droite du Tibre et de la Chiana, auxquels s'ajoutaient, sur la rive gauche du Tibre, les évêchés d'Ameria, Terni, et Narni, la *terra Arnulphorum* et le district de Rieti. C'est ainsi qu'il apparaît notamment dans le Registre où le recteur Rinaldo Malavolti fit consigner en 1298 les principaux droits exercés par le Saint Siège dans toute l'étendue du Patrimoine (3).

Une bulle de Jean XXII (1ᵉʳ avril 1321) nous montre que les archives administratives de la province étaient en fort mauvais état ; à chaque changement de gouverneur, elles étaient

---

(1) Potthast, *Regest. pont. Rom.*, n° 7658. La première mention de cette nouvelle division administrative se trouve, à ce que je crois, dans les *Gesta Innocentii III*, chap. XIV, année 1198: *patrimonium apostolicæ sedis in Tuscia* (*Patrol. lat.* CCXIV, col. xxviii).

(2) Potthast, *Regest. pont. Rom.*, nᵒˢ 17672 et 18917.

(3) *Mélanges de l'Ecole de Rome*, année 1887, pag. 131.

littéralement mises au pillage, *cum in mutatione rectoris et thesaurarii circa regestra et acta ipsius patrimonii diversa enormia fuerint non sine multa infidelitate commissa.* Aussi le pape cherche-t-il un remède, et il commet un moine cistercien du nom d'Etienne à la conservation et à la garde de ces archives, *ad conservationem et custodiam regestrorum, actorum, et aliarum scripturarum ejusdem curie* (1).

C'était fort bien pour l'avenir; mais comment combler les énormes lacunes du passé? On songea que les Archives de l'Eglise Romaine déposées dans la sacristie du couvent d'Assise pouvaient, dans une certaine mesure, permettre de réparer les pertes subies, et, en 1327, Pierre de Artisio (?), Trésorier du Patrimoine, se rendit à Assise pour y faire extraire, en forme authentique, tout ce qui, dans les livres et comptes de l'Eglise Romaine, se rattachait aux titres et droits du Saint Siège dans le *Patrimonium in Tuscia* (2).

Le résultat de ce travail n'a pas été perdu; il se trouve consigné dans un volume des Archives Vaticanes connu sous le nom de *Registrum curie patrimonii beati Petri in Tuscia* (Armoire XXXV, n° 14).

A en croire la préface par laquelle s'ouvre ce volume, il aurait été composé en 1334, par les soins du recteur et du trésorier du Patrimoine, Philippe de Cambarlhac et Etienne Lascuotz, désireux de réunir en un même livre les pièces éparses qui intéressaient l'administration de la province — en particulier les titres établissant les droits du Saint Siège — de manière à former une sorte de *Codex diplomaticus dominii temporalis in Tuscia.*

Il suffit pourtant d'ouvrir le Registre pour s'apercevoir qu'il contient des actes postérieurs à l'année 1334. Quelques uns sans

----

(1) Theiner, *Cod. diplomat. dominii temporalis,* I, n° DCLXVI.
(2) Voy. plus loin, page 15.

doute ont été ajoutés de seconde main — c'est visible à la différence des écritures ; — mais le plus grand nombre appartient bien à la première rédaction du Recueil. La préface de 1334 a été conservée en tête du volume, comme la préface d'une première édition est conservée dans des éditions successives. C'est bien, si l'on veut, le Registre de 1334 que nous avons là, mais avec des modifications et des accroissements considérables. Non point qu'il faille chercher ici de remaniement systématique. Ainsi que je l'ai montré ailleurs à propos du *Liber Censuum* (1), on se préoccupait assez peu de conserver un ordre logique ou chronologique dans ces sortes de livres. Une fois le volume achevé, il n'était point fermé à l'insertion de pièces nouvelles ; les pages ou fragments de pages demeurés vides se remplissaient successivement ; on ajoutait même, au besoin, des feuilles nouvelles sur lesquelles on inscrivait, au fur et à mesure que l'occasion s'en présentait, des documents de toute date et de toute nature, qui n'avaient entre eux d'autre lien que la communauté de leur objet. C'est ce qui explique le désordre apparent dans lequel se présente à nous le *Registrum curiæ patrimonii b. Petri in Tuscia*.

Ce livre n'est pas matériellement celui qui fut formé en 1334 par ordre de Philippe de Cambarlhac ; il en est une copie, faite vingt ans plus tard, alors que ce registre s'était enrichi d'additions nombreuses. La date de notre volume est en effet très explicitement indiquée par ceux là mêmes qui l'ont écrit ; les copistes Francesco Pietri et Niccolò Angeli, chapelains de Saint Matthieu de Viterbe, déclarent qu'ils ont commencé de l'écrire le jeudi 7 août 1354, et qu'ils l'ont achevé le 24 du même mois. Dans les journées qui suivirent, les mêmes scribes ajoutèrent au corps du Registre qu'ils venaient de transcrire un certain nombre de pièces datées des mois d'avril et de juin de la même

_____

(1) *Mélanges de l'Ecole de Rome*, 1888, pag. 345 et suivantes.

année, sans qu'aucune différence d'écriture distingue ces additions du reste du volume. Un peu plus tard (vraisemblablement vers la fin de l'année), d'autres documents, bon d'octobre 1354, furent insérés à la suite des précédents ; mais la suture reste ici très visible : le changement d'écriture saute aux yeux.

Si nous nous reportons aux évènements de l'année 1354, nous saurons aisément pourquoi on a transcrit cette année-là l'ancien *Registrum curiæ Patrimonii*, et pourquoi on y a joint en même temps de nouveaux documents.

C'était le moment où le cardinal Albornoz restaurait la puissance pontificale dans les Etats de l'Eglise, et où il venait, en particulier, d'arracher la Toscane Romaine à la tyrannie du Préfet de Vico. Nous savons que le légat convoqua alors à Montefiascone une assemblée générale des notables, pour procéder à une révision complète de tous les droits et titres du Saint Siège (1). C'est très vraisemblablement à cette occasion qu'il fit rédiger, en grande hâte, le recueil dont nous nous occupons. On prit pour base le Registre formé en 1334 par les soins de Philippe de Cambarlhac et complété depuis par les différents recteurs qui s'étaient succédé dans l'administration de la province ; en y ajoutant les capitulations et les engagements récemment obtenus par le légat, on avait ainsi le recueil le plus complet qui pût être formé en la circonstance.

Ce recueil résume donc tous les travaux antérieurs : aussi bien les recherches faites en 1327, à Assise, dans les archives de l'Eglise Romaine, que le Registre de Philippe de Cambarlhac, avec tout ce que divers recteurs y avaient successivement ajouté.

J'en donne ici le dépouillement complet (2), en notant avec soin, chemin faisant, toutes les indications de provenance ; c'est

(1) Voy. Campanari, *Tuscania e i suoi monumenti*, t. II, page 226.
(2) Je reproduis les titres et rubriques que portent en marge les différentes pièces du manuscrit ; lorsque les rubriques manquent, j'y

une manière de renvoyer aux sources, et c'est ce qu'on a trop
négligé de faire jusqu'ici.

Le *Registrum curiæ patrimonii b. Petri in Tuscia* est du
plus haut intérêt pour l'histoire des Etats de l'Eglise; on y a,
le plus souvent, puisé comme au hasard, sans en dresser jamais
l'inventaire, et sans s'inquiéter de l'origine des documents qu'on
publiait; j'espère que quelques uns ne trouveront pas inutile de
savoir ce qu'est ce Registre et ce qu'il contient.

I.

Registre de 1334, complété les années suivantes, et pris pour base du Registre de 1354.

[Præfatio Registri anno millesimo trigesimo quarto conscripti].
— Cf. THEINER, *Codex diplomaticus dominii temporalis Sanctæ Sedis*, I, p. 530.

Infrascripte sunt communitates civitatum et castrorum provincie dicti Patrimonii que tenentur solvere focaticum camere curie
Patrimonii annis singulis in kal. mensis Maii, prout in Regestris
antiquis curie reperitur (fol. 1). — (THEINER, I, n° DCCIX, pag. 530).

Infrascripte sunt civitates, terre, castra et loca, que tenentur
solvere talliam militum camere curie dicti Patrimonii annis singulis, etc.... (fol. 2). — (THEINER, I, n° DCCIX, pag. 530).

---

supplée par de courtes indications, que j'ai mises entre crochets. Comme
la publication la plus importante qui ait été faite des documents con-
tenus dans le *Registrum curiæ patrimonii b. Petri in Tuscia* est celle
du P. Theiner, dans son *Codex diplomaticus dominii temporalis sanctæ
Sedis*, j'ai pris soin de noter au fur et à mesure tous les extraits de
notre Registre qui sont donnés dans l'ouvrage de Theiner.

Infrascripti sunt prelati, episcopi, abbates, clerici, ac communitates, civitates, terre et castra provincie memorati Patrimonii,
qui tenentur solvere procurationem camere predicte, ratione adven-
tus novi rectoris ac domini ad regimen ipsius Patrimonii, videlicet
quantitates et summas inferius declaratas (fol. 2 v°). — (THEINER, I,
n° DCCIX, pag. 531, col. 1).

Infrascripte sunt communitates castrorum, que tenentur solvere
ac portare venationes camere dicti Patrimonii in festivitatibus nativitatis et resurrectionis domini nostri Iesu Christi (fol. 3). —
(THEINER, I, n° DCCIX, pag. 531, col. 2).

Infrascripta sunt castra, que tenéntur portare ligna annis singulis in festo nativitatis domini camere memorate (fol. 3). — (THEI-
NER, I, n° DCCIX, pag. 531, col. 2).

Infrascripta sunt castra, in quibus ponuntur castellani per rectores Patrimonii pro Romana ecclesia, prout in registris antiquis
reperitur (fol. 3 v°). — (THEINER, I, pag. 531, col. 2).

In infrascriptis terris ponitur Passagerius pro Romana ecclesia,
prout in Regestris antiquis curie reperitur (fol. 3 v°). — (THEI-
NER, I, pag. 531, col. 2).

Copia processus facti per supradictum dominum Phylippum de
Cambarlhaco, ex mandato domini pape, in reductione castri Viterbii.
— 1332 (fol. 5-10).

1°. [Litteræ nuntio apostolico a Johanne papa XXII datæ, ut
Viterbienses a censuris absolvat, postquam ab eis civitatem cum
comitatu et districtu, nomine ecclesiæ Romanæ, receperit. — 8 septembre 1332]. — (THEINER, I, n° DCCLXX, pag. 601).

2°. Tenor syndicatus communis et populi civitatis Viterbii. —
4 décembre 1332.

3°. Promissio et obligatio facta per syndicum dicti populi et
communis domino Phylippo prefato, in civitate Sutrina. — 5 décembre 1332.

4°. Promissio et obligatio facta per Fatiolum, in dicta civitate
Sutrina, eidem domino Phylippo. — 5 décembre 1332.

5°. Traditio possessionis Castri et Rocche Sipicciani cum jura-

mento hominum dicti castri facta dicto domino Phylippo. — 11 décembre 1332.

6°. Reformatio parlamenti cum obligatione et juramentis specialium personarum et cum syndicatu ad ratificandum omnia et sin-
gula predicta. — 14 décembre 1332 (THEINER, I, n° DCCLXXIII,
pag. 603).

7°. Ratificatio facta por dictum syndicum in publico parlamento.
— 19 décembre 1332.

8°. Tenor syndicatus ad postulandam absolutionem specialium
personarum ac etiam interdicti. — 19 décembre 1332.

9°. Sequitur absolutio et suspensio interdicti. — 19 décembre 1332.

Instrumentum super castro Onani. — 6 octobre 1338 (fol. 12). —
(THEINER, II, n° LXII, p. 39).

Nomina hominum castri Onani debentium dare quolibet anno
affictum sancte Romane ecclesie (fol. 12).

Ceccarellus de Tuscanella, castellanus Planzani, dat Romane
ecclesie castrum seu roccham, salvis personis et rebus omnibus. —
14 juin 1338 (fol. 12 v°).

Infrascripta sunt nomina francha hominum castri Onani partis
domanii sancte matris ecclesie (fol. 13 v°).

De castro Preceni. — 15 mars 1339 (fol. 13 v°).

Infrascripta sunt bona heredum Mucciarelli Bartholomucii olim
locata potenti viro Pono de Campilio per rectorem patrimonii, de
publicatione et confiscatione ipsorum facta Romane ecclesie, et locata domino Mariscalco, habitatori Radicofani, pro tribus annis
finiendis in festo sancti Angeli de mense septembris proximo ven-
turi (fol. 15 v°).

Nomina exbanditorum de castro Lugnani (fol. 16).

Procuratio hominum castri Lugnani. — 11 juillet 1339 (fol. 16).

Procuratio hominum castri Vitorchiani. — 10 septembre 1340
(fol 16 v°).

Hec est copia quorumdam processuum et actorum curie generalis patrimonii [de Vitorchiano], scriptorum manu Johannis de

Bictonio notarii publici (fol. 16 v°). — 4 septembre 1340; 7 septembre 1340; 11 septembre 1340.

Instrumentum super civitate Interampnensi. — 20 octobre 1340 (fol. 18). — (THEINER, II, n° CXIII, pag. 94).

Juramentum dominorum de Farneto. — 8 décembre 1340 (fol. 19). — (THEINER, II, n° CXVIII, pag. 100).

Juramentum Johannis Poli de Campilio, domini castri Celli. — 18 janvier 1340 (fol. 19 v°).

Juramentum dominorum de Tulfa Veteri. — 9 janvier 1341 (fol. 19 v°).

Juramentum Guidonis de filiis Ursi, domini castri Sale. — 12 janvier 1341 (fol. 20 v°).

Juramentum dominorum de castro Alviani. — 1er février 1341 (fol. 21).

Juramentum dominorum de Tulfa Nova. — 4 janvier 1341 (fol. 21).

Juramentum nobilium et massariorum de Tulfa Nova. — 18 novembre 1340 (fol. 21).

Juramentum dominorum castri Onani. — 16 décembre 1341 (fol. 22).

Juramentum Cecchi Monaldi de dominis castri Onani. — 16 décembre 1340 (fol. 22).

Juramentum Credi de Campilio de dominis castri Cellarum. — 2 décembre 1340 (fol 22 v°).

Juramentum Cecchi Raynutii de Farneto. — 12 septembre 1340 (fol. 23).

Juramentum Cole Raynutii de Cellolis. — 18 septembre 1340

Juramentum Cecchi de Farneto de dominis castri Celli. — 18 septembre 1340 (fol. 23 v°).

Ponis de Campilio pro censu — [bulla Bonifatii pape VIII data Anagnie VIII kal. Julii anno secundo (24 juin 1296), transcripta per manum Martini de Marsia de Alatro, die XXVI februarii, anno domini MCCCXLI] (fol. 24).

Hec est copia sive transcriptum quarumdam litterarum patentium quodam pendenti sigillo sigillatarum quarum tenor sequitur in hunc modum: *Petro de Egubio camere domini pape clericus ac in ipsius camerarii absentia vices gerens, etc.* [Agitur de censu v florenorum auri a Pono de Campilio debito; datum Perusii III kal. Januarii anno domini MCCCVII, transcriptum eadem manu ac praecedenti, die XXVI februarii anno domini MCCCXLI] (fol. 25).

[Venditio facta domino Ildribandino (*sic*) de Anniballis, canonico Lateranensi, per dominam Constanciam, uxorem quondam domini Riccardi domini Jacobi de Anniballis de dominis Castri Canarum, quarumdam petiarum terræ, in territorio castri Lacuscelli, Ameliensis diocesis, sitæ]. — 18 mars 1331 (fol. 25 v⁰).

Testamentum Ildribandini de Anniballis, canonici Lateranensis. — 24 septembre 1331; transcrit le 15 juillet 1340 (fol. 26).

Hec est medietas terrarum et vinearum diversarum inter venerabilem virum dominum Ildribandinum de Aniballis et nobiles viros filios et heredes domini Riccardi, nepotes dicti domini Ildribandini, positarum in castro Lacuscelli (fol. 27).

Congregata adunantia et congregatione omnium et singulorum hominum fidelium partis sancte matris ecclesie exemptorum civitatis Narnie... — 14 octobre 1326 (fol. 28).

Communis civitatis Narnie. [Narnienses per syndicos Avenionem missos a pontifice de excessibus commissis veniam petunt. — 4 mai 1327 (fol. 29). — (THEINER, I, n⁰ DCCXXI, pag. 543).

Episcopus et clerus Narnie. — 5 mai 1327 (fol 29 v⁰).

Communis et populi civitatis Narnie. — 6 mai 1327 (fol. 29 v⁰).

Communis terre Carbii. [Homines castri Carbii dominium et potestariam sui castri rectori Sabine et Romane ecclesie sub certis conditionibus tradunt], — 17 avril 1329 (fol. 30). — THEINER, I, n⁰ DCCXXXII, p. 560).

Castri Silicis. — 9 juin 1310 (fol. 31). — (*Cujus instrumenti ultima deficiunt*).

Copia licterarum domini Bonifatii quod potestates et alii officiales terrarum provincie patrimonii possint exercere merum et mixtum imperium. — Datum Laterani XIII kal. februarii anno quinto

(20 janvier 1299); transcriptum die xx aprilis anno domini mcccxii (fol. 34). — (Theiner, I, n° dccxxviii, pag. 354).

Declaratio super hiis que Urbevetani debent habere in Vallelacus. — Datum Anagnie ii non. septembris anno secundo (4 septembre 1296); transcriptum die xviii intrantis mensis aprilis anno domini mcccxxv (fol. 35). — (Theiner, I, n° dv, pag. 341).

Tertia pars castri Tessenani, Tuscanensis diocesis, conceditur Nerio Urbevetano cum censu xx solidorum. — Datum apud Urbemveterem, ii kal. novembris anno tertio; 31 octobre 1297 (fol. 37). — (Theiner, I, n° dxviii, pag. 345).

Copia quorumdam privilegiorum sanctorum patrum tangentium Romanam ecclesiam et curiam memorati patrimonii, in archivo ipsius camere repertorum (transcrit le 30 mai 1335).

1°. Donatio prioratus sancti Petri in Alfano prope Caninum et Tuscanellam. — Avignon, 25 juin 1330.

2°. Hec est copia cujusdam privilegii papalis cujus tenor talis est: [declaratio super petitione hominum castrorum Wlseni, Criptarum, sancti Laurentii, Latere et Gradularum adversus Viterbienses]. — Avignon, 1ᵉʳ avril 1321 (fol. 37-38).

Lictere continentes constitutionem ne aliqua civitas, castrum, seu locus potestatem, rectorem, seu alium officialem in patrimonio eligere attemptet sine licentia. — 12 octobre 1322 (fol. 39). — (Theiner. I, n° dcc, pag. 520).

Lictere quod nullus audeat sumere aliquod officium in civitate Viterbii et ejus districtu, ad penam contentam in hiis litteris, excepto commissario pape; que, si expediat, in locis publicis publicentur. — 15 septembre 1336 (fol. 39 v°)

Executorie quod nobiles et potentes non assumantur ad officia et regimina terrarum, pontificatus domini Benedicti pape anno quarto. — Avignon, 15 avril 1338.

Quod nulla potens communitas civitatis eligatur ad officium potestarie vel aliud alicujus terre patrimonii. — Avignon, 9 octobre 1343 (fol. 40).

Revocatio privilegii Montis Asule. — Avignon, 2 avril 1347 (fol. 41).

[Constitutio ne ulla civitas vel singularis persona in aliquibus civitatibus, castris, seu villis, capitaneatum, jurisdictionem, etc. sine speciali apostolicæ sedis licentia recipere audeat]. — Avignon, 11 Juillet 1346 (fol. 41 v°). — (THEINER, II, n° CLXII, pag. 164).

[Constitutio quod officiales Romanæ ecclesiæ non præsumant indebitas exactiones agere]. — Villeneuve-lez-Avignon, 8 mai 1332 (fol. 42). — (THEINER, II, n° CCXXII, pag. 237).

Constitutio quod rectores patrimonii et aliarum provinciarum non recipiant nec presumant recipere a thesaurariis aliquas pecunias ultra salaria eis debita. — Villeneuve-lez-Avignon, 8 mai 1352 (fol. 42 v°). — (THEINER, II, n° CCXXII, pag. 237).

Lictere cujusdam inhibitionis sanctissimi patris domini Nicolai pape quarti. — Orviéto, 18 novembre 1290 (fol. 42 v°) — (THEINER, I, n° CCCCLXXXIII, pag. 313).

Lictere executorie super cassatione alienationum et locationum de bonis et juribus Romane ecclesie et aliis pluribus capitulis. — Avignon, 1er avril 1321 (fol. 43). — (THEINER, I, n° DCLXVII, pag. 304).

Contra facientes cavalcatas in patrimonio et contra turbatores et molestatores terrarum, pacis, et status patrimonii et subditorum. — Avignon, 1er octobre 1322 (fol. 43 v°).

[Constitutio, ne quis in provincia Patrimonii contra alium jus sibi dicere, et bellum sine licentia rectoris facere præsumat, sub peua mille marcarum argenti]. — Avignon, 22 septembre 1321 (fol. 44). — (Cf. THEINER, I, n° DCLXXIV, pag. 507).

[Constitutio, ne quis in Sabina, et cetera ut supra]. — 1er mars 1324 (fol. 44).

Contra hospitale Sancti Spiritus. — Avignon, 17 février 1324 (fol. 45).

Quod non receptentur exbanditi. — Avignon, 5 janvier 1326 (fol. 45 v°).

Contra quoscumque invasores et occupatores jurium et bono-

rum ecclesie et molestatores terrarum et subjectorum. — Avignon,
11 avril 1338 (fol. 45 v°).

[Contra invasores et occupatores bonorum ecclesie in Tuscia].
— Avignon, 12 avril 1338 (fol. 46). — Theiner, II, n° LV, pag. 35).

Constitutio, quod non componatur de homicidio, domini Innocentii
pape VI. — Villeneuve-lez-Avignon, 15 juillet 1353 (fol. 46). —
(Theiner, II, n° CCXLVII, pag. 251).

II.

Registre de 1327, repris dans le Registre de 1354.

Copia quorumdam instrumentorum et processuum tangentium
Romanam ecclesiam et curiam dicti patrimonii, repertorum in libra-
rio ecclesie Sancti Francisci de Asisio, extracta per venerabilem
virum dominum Petrum de Artisio, thesaurarium patrimonii memorati :

In nomine domini amen. Hoc est exemplum seu transcriptum
quarumdam scripturarum repertarum in libro et regestro antiquo,
scripto in cartis pecudinis, reperto in quadam cassa lignea, non ferrata, simplici, signata desuper cum numero LXXVIIII; in loco fratrum Minorum sive ecclesia b. Francisci de Asisio, in thesauraria
ecclesie Romane, scriptum manu mei Olrici notarii publici infrascripti. — Quarum scripturarum tenor talis est (fol. 47) :

[Sequuntur quædam scripturæ, e libro censuali, a Centio Came-
rario conscripto, depromptæ, quas evulgavit P. Theiner, tomo I,
n° XXVI, pag. 29; quarum scripturarum rubricæ cum his rubricis
libri censualis a me ex originali codice olim datis (*Mélanges de
l'Ecole de Rome*, 1883, p. 345 et seqq.) optime concordant, scilicet :
II, VI, VII, LXXI, LXXXVII, LXXXVIII, CVI, CXIII, CLXXXXIX, CLXXXXIXᵃ,
CCXIXᶜ, CCXIX·ᵈ, CCXIXᵉ, CCLXXI, CCLXXIII]. — (fol. 47–51 v°).

Item hoc est copia cujusdam notule seu instrumenti reperti in
sacristia ecclesie beati Francisci de Asisio, ubi est thesaurus ec-

clesie Romane, registrati in quodam quaterno seu registro pergameni, qui quidem quaternus repositus erat in quodam cofino seu scrinio ligneo, non ferrato, signato desuper numero LXXVIIII, cujus tenor talis est (fol. 53 v°).

[Sunt tria instrumenta super Andrea domini Bonicomitis quondam de Miranda, anno millesimo CCXXXVIIII, mense Julii, diebus V, VI et XIII intrante conscripta].

Item in quodam regestro, scripto in cartis pecudinis, reperto in dicta sacristia in quadam cassa lignea, non ferrata, signata cum numero LXXVIIII, reperta fuit copia cujusdam papalis littere cujus tenor talis est: (fol. 54 v°)

[Sequitur bulla Clementis pape IV super Tudertinis, mense Januarii, die V intrante, data, et registrata in libro censuali sub numero *CCCX notationis nostræ.

Sequitur carta numero CCCIX in eadem nostra notatione insignita: nempe bulla Urbani pape IV anno secundo, mense novembris die IV intrante.]

Item in eodem registro in rubrica signata per numerum CCLXXVIII: [scilicet in codice originali libri censualis instrumentum super castro Ultriculi die XIII intrantis Julii, anno MCCXXXIIII, datum].

Item in eodem registro sequitur quoddam instrumentum publicum ibidem consumptum, cujus tenor talis est: Instrumentum Sibilie de venditione cujusdam domus in castro Utriculi. [Hæc est rubrica per numerum CCLXXII in codice originali libri censualis signata]. — (fol. 55 v°).

Hoc est exemplum quarumdam scripturarum repertarum in sacristia beati Francisci de Asisio, in quodam cofano rubeo signato cum numero VII, in quodam quaterno pergameni: In nomine domini. Hoc est inventarium et memoriale inceptum et factum per presbiterum Guilielmum, capellanum ecclesie sancti Blasii de Martha.... de juribus, bonis et possessionibus, que et quas habet camera Romane ecclesie in dicto castro et ejus tenuta sub anno domini MCCCIIII, tempore domini Benedicti pape XI, indictione secunda. Imprimis.... (fol. 55 v°-58). — (THEINER, I, n° DLXXXVI, pag. 403).

Et ego Obricus Mengeti de Baigimelz, clericus Tullensis dyocesis, publicus apostolica et imperiali auctoritate notarius, prout inveni, vidi et legi in predictis libris et scripturis repertis in cofanis et thesauro Romane ecclesie reconditis apud sacristiam ecclesie b. Francisci de Asisio, nil addens vel minuens fraudulenter, propter quod dictarum scripturarum sensus sive tenor substantialis possit aliquatenus variari seu immutari, nisi forsitan punctum vel silabam positam ignoranter, ita fideliter exemplavi, transcripsi et in publicam formam redegi, precedentibus viginti octo cartis bambascinis simul consutis, de licentia et auctoritate Rev. domini viri Nicolai, prioris heremite Sancti Uberti, vicarii venerabilis in Christo patris domini fratris Theobaldi Dei gratia episcopi Assisinatis, qui ad predictas scripturas publicandas suam auctoritatem judiciariam interposuit, et decretum ipso domino vicario pro tribunali sedente in capitulo loci fratrum minorum de Assisio sub annis domini a Nativitate MCCCXVII, indictione decima, pontificatus summi patris domini Johannis divina providentia pape XXII anno undecimo, die XXVII aprilis, presentibus et intelligentibus magistris Petro Bartholi, Jacobo Vannis, et Matheo Benetesi de Assisio notariis publicis, qui auscultationi supradictarum scripturarum una mecum presentes interfuerunt, et presentibus fratre Johanne Maffei monacho monasterii Sancti Petri de Perusio, fratre Angelo magistri Angeli de Assisio fratris ordinis minorum, magistro Germanno magistri Johannis de Fulgineo notariis et magistro Nicolao Lelli de Assisio testibus ad hec vocatis et rogatis, et ad requisitionem et rogationem reverendi viri domini Petri de Artisio canonici ecclesie Sancti Frontoni Petragoricensis, thesaurarii patrimonii beati Petri in Tuscia pro sancta Romana ecclesia et signum hic apposui consuetum in testimonium premissorum.

Et ego Matheus quondam Benetesi de Asisio imperiali auctoritate notarius.... signum apposui consuetum.

Ego Petrus Bartholi de Asisio imperiali auctoritate notarius .... etc. ut supra.

Ego Jacobus quondam Vannis de Asisio imperiali auctoritate notarius .... etc. ut supra. — (fol. 58).

Submissio insule Martane (19 septembre 1266).

De castro Palazoli (26 octobre 1266).

In nomine domini amen. Hoc est exemplum seu copia quorumdam instrumentorum repertorum apud sacristiam Sancti Francisci de Asisio, in quodam cophano signato sub numero CXX:

[De castro Lacus instrumenta duo, die nono Julii, anno MCCLXXXVII, data.

De castro Miranda (12 juin 1289; – 12 juillet; – 11 juillet; – 11 juillet; – 29 mai; – 28 juin)] (fol. 60).

In nomine domini amen. Hoc est exemplum quarumdam scripturarum in quodam libro registri Romane ecclesie reperti inter alios libros reconditos pro Romana ecclesia apud sacristiam beati Francisci de Asisio et copiatarum per me Matheum quondam Benencase de Asisio notarium, quem librum ubi ipse scripture scripte erant, in principio sic titulatum inveni: Introitus. In nomine domini amen. Anno domini millesimo CC nonagesimo primo, etc. (fol. 62 v°, 64). — (THEINER, I, n° CCCCXCI, pag. 317-319).

In nomine domini amen. Hoc est exemplum cujusdam publici instrumenti reperti inter alias scripturas apud sacristiam Sancti Francisci predictam scripti per manum Villani domini Egidii notarium, cujus instrumenti talis est:

In nomine domini amen. Hoc est exemplum quarumdam scripturarum repertarum in quibusdam quaternis cartarum bambacinarum repertis in quibusdam registris ecclesie Romana inter alia registra et scripturas prefate Romane ecclesie depositas et deposita apud sacristiam Sancti Francisci de Asisio .... copiatarum per me Matheum condam Benentesi de Asisio notarium, etc. (fol. 65 v°-66 v°). — (THEINER I, n° CCCCXCI, pag. 319, col. 2, – pag. 321, col. 1).

.. Ego Matheus condam Benentesi de Asisio imperiali auctoritate notarius, prout inveni, vidi, et legi in predictis originalibus libris et scripturis repertis in cophanis et thesauro Romane ecclesie, re-

cónditis apud sacristiam Sancti Francisci de Assisio, nil addens vel
minúens fraudulenter.... fidelitor exemplavi, transcripsi, et in
publicam formam redegi in suprascriptis viginti sex cartis bambascinis.... [etc. ut supra, fol. 58].

Et ego Olrichus Mengeti de Balgimelz, clericus Tullensis dyocesis, publicus et apostolica et imperiali auctoritate notarius....
signum apposui consuetum.

Ego condam Vannis de Asisio imperiali auctoritate notarius....
signum apposui consuetam.

Ego Petrus Bartholi de Assisio imperiali auctoritate notarius
et judex ordinarius.... signum apposui consuetum (fol. 66).

Hoc est exemplum quorumdam instrumentorum repertorum in
sacristia thesauri Romane ecclesie qui est in ecclesia b. Francisci
de Asisio inter alia instrumenta...., que instrumenta reperta sunt
in quodam cophano esmaltato signato numero LXXXIIII, que quidem
instrumenta copiata sunt manu mei Petri Bartholi notarii de Asisio
(fol. 67). — (THEINER, I, n° CCCXVII, pag. 169)..

Instrumentum syndicatus castri Tuderti (30 décembre 1267). —
(THEINER, I, n° CCCXVII, pag. 169).

Instrumentum syndicatus episcopi et clericorum Tuderti (janvier
1268). — (THEINER, I, n° CCCCXVII, pag. 170, col. 2).

Item reperitur in dicta sacristia in quodam cophano signato
numero CXX infrascripta instrumenta: (fol. 68)

Inventarium et consignatio Rocce Mirande (31 mars 1290). —
(THEINER, I, n° CCCCLXX, pag. 305).

Inventarium rerum Rocce Mirande (13 mars 1288). — (THEI-
NER, I, n° CCCCLXX, pag. 306).

Item reperiuntur in dicta sacristia, in quodam cophano rubeo
signato numero LXXXVIIII, infrascripte scripture in cartis bombacinis:

In dei nomine amen. Anno domini MCCLXXIIII, indict. XII, tempore domini Martini pape IIII; isti sunt redditus et proventus....
comitatus Sabine et civitatis Interampni etc. (fol. 68-69). — (THEI-
NER, I n° CCCCXLIII, p. 283).

Item reperiuntur in dicta sacristia, in quodam cophano signato numero CXVIIII, infrascripta instrumenta et infrascripti tenoris:

Instrumentum syndicatus hominum de Radicofano (4 juin 1284; fol. 69). — (THEINER, I, n° CCCCXXXIIII, p. 275).

Instrumentum submissionis syndici Radicofani (29 mai 1284; fol. 69). — (THEINER, I, n° CCCCXXXIIII, p. 276).

Nomina fideijussorum sunt hec. (THEINER, I, p. 277).

Nomina hominum de Tuderto (fol. 73).

Ego Petrus Bartholi imperiali auctoritate notarius et judex ordinarius, prout inveni, vidi, et legi in predictis originalibus libris et scripturis repertis in cophanis et thesauro Romane ecclesie reconditis apud sacristiam Sancti Francisci de Assisio nil addens vel minuens.... in publicam formam redegi in suprascriptis viginti octo cartis bambascinis de licentia et mandato reverendi viri domini Nicolai.... etc. ut supra fol. 58, 66, 74.

Ego Jacobus condam Vannis de Asisio notarius.... signum apposui consuetum.

Ego Matheus condam Benentosi de Asisio notarius.... signum apposui consuetum.

Et ego Olrichus Mengeti de Balgimolz, clericus Tullensis diocesis, publicus apostolica et imperiali auctoritate notarius.... signum apposui consuetum (fol. 74).

[Sequuntur census ecclesiæ Romanæ in provincia Patrimonii per episcopatus, secundum Cencii Camerarii librum, dispositi].

Item inter alia que reperiuntur in quodam libro seu registro de cartis bambascinis, reperto in sacristia b. Francisci de Asisio, continentur aliqua loca censualia; reperitur sic: Census recepti in castro Utriculi, tempore Alexandri pape IIII, anno V et VII. — Particulares solutiones census tempore Nicolai III. — Martini pape IIII particulares solutiones censuum. — Census recepti tempore Honorii pape IIII. — Solutiones censuum tempore vacationis ecclesie anno domini MCCLXXXVII. — Census recepti tempore Nicolai pape IIII (fol. 75).

Item infrascripta est copia quorumdam instrumentorum et aliarum scripturarum repertorum et repertarum in quodam alio cofano rubeo et smaltato existente in dicta sacristia sub signo numeri LXXXIIII et copiatarum per me notarium supradictum, quorum et quarum tenor talis est:

Testes recepti ad perpetuam rei memoriam super dominio ecclesie in castro Aquependentis (26 avril 1268; fol. 75 v°). — (THEINER, I, n° CCLXXIII, pag. 146).

Hoc est exemplum cujusdem alterius instrumenti publici reperti in dicta sacristia in quodam cofano signato sub numero CXX, cujus tenor talis est: Instrumentum quomodo domina Alunsa de Pereta fecit virum suum procuratorem ad vendendam partem suam de Perreta (17 décembre 1290; fol. 77).

Item in dicta sacristia, in quodam cofano signato numero CVI, reperta fuerunt infrascripta instrumenta et alie scripture diverse infrascripti tenoris et continentis infrascripta videlicet:

Super juribus que habet ecclesia in civitate Castellana et Nepissina (juin 1289: fol. 77 v°). — (THEINER, I, n° CCCCLVII, p. 303).

Quedam littere reperte in dicto cofano sub dicto numero (folio 78 v°).

Redditus civitatis Castellane et Nepesine (fol. 79). — (THEINER, I, n° CCCCLVII, pag. 303, col. 2).

De castro Proceni. — In nomine domini amen. Inter cetera que continentur in quodam libro seu quaterno registri reperti in dicta sacristia in quadam cassa lignea, signata desuper numero LXXVIIII, continetur sic videlicet: In Dei nomine. Carta testium, etc. (fol. 79). [Requiras numerum * CCLXXXIX in elencho nostro libri censualis].

Item hoc est exemplum quorumdam instrumentorum repertorum in supradicta sacristia: Hominum de Tuderto (fol. 81; anno 1267). [Cf. supra, fol. 67; THEINER, I, p. 170, col. 2].

Item hoc est exemplum cujusdam alterius publici instrumenti [super Tudertinis] reperti in eadem sacristia et in eodem cofano supra signato, cujus instrumenti tenor talis est (1260; fol. 82 v°).

Item inter cetera que continentur in quodam alio libro seu qua-

terno introituum et proventuum, reperto in dicta sacristia Sancti
Francisci de Asisio, in quodam cofauo signato numero VII, quod
est rubeus ferratus. Et sic in prima facie ipsius libri intitulatus:
In nomine domini amen. Hii sunt introitus et redditus qui perve-
nerunt ad manus Bernardi thesaurarii Romane ecclesie in patrimonio beati Petri in Tuscia, tempore capitanei magnifici viri domini
Guilielmi Cibo civis Januensis, predicti patrimonii rectoris et capitanei generalis, sub anno domini MCCLXXXX, tertie indictionis, continetur sic: In primis de mense octobris, etc. ... (fol. 83). — (Cf.
THEINER, I, p. 317).

Alius vero sequens titulus ejusdem libri sequens talis est: In
nomine domini amen. Hii sunt introitus et proventus qui perve-
nerunt ad manus Bonsignoris de Senis .... sub anno MCCLXXXX.
(fol. 83).

Alius sequens titulus ejusdem libri: Ista est tallia II mensium
et XX dierum quibus dominus Raynutius olim patrimonii rector
stetit in officio ultra annum, pro quo civitates et castra talliam per-
solverunt recepta per Bonsignorem thesaurarium. In primis etc. ...
(fol. 83 v°).

Alius sequens titulus dicti libri mediantibus cartis non scriptis
talis est, videlicet: Hec est pecunia recepta a Bonsignore thesau-
rario Romane ecclesie et communitatibus patrimonii occasione tal-
lie sub anno MCCLXXXX, diebus et mensibus infrascriptis. In primis etc. .... (fol. 83 v°).

Alius ejusdem libri titulus sequens mediantibus II cartis non
scriptis talis est: Hec est pecunia recepta per Bonsignorem de
Senis, thesaurarium Romane ecclesie, ab infrascriptis personis pro
tallia IIII mensium residuorum anni, anno domini MCCLXXXXI, indictione IIII. In primis etc. .... (fol. 83 v°).

Ego Jacobus quondam Vannis de Asisio imperiali auctoritate
notarius, prout inveni, vidi, et legi in predictis originalibus libris
et scripturis repertis in cofanis, in publicam formam redegi.... etc.
ut supra fol. 58, 66, 74.

Ego Petrus Bartholi de Asisio etc.... signum apposui consuetum.

Ego Matheus quondam Benentesi de Asisio etc.... signum apposui consuetum.

Et ego Olricus Mengeti, clericus Tullensis dyocesis, ... signum apposui consuetum.

Deo gratias amen.

Exemplatum, scriptum et copiatum fuit presens registrum per nos Franciscum Petri et Nicolaus Angeli de civitate Urbevetana, capellano ecclesie Sancte Marie Majoris de Urbeveteri, in civitate Viterbii, in domibus ecclesie Sancti Mathei in Sunsa, sub anno Domini millesimo trecentesimo quinquagesimo quarto, indictione septima, tempore domini Innocentii pape sexti, inceptum videlicet die Jovis septimo mensis Augusti et finitum die dominico vicesimo quarto mensis predicti (fol 83 v°).

III.

Partie postérieure au mois d'août 1354.

[Sequuntur — a fol. 85 usque fol. 94 v° — eadem documenta quæ a fol. 84 usque ad fol. 44 supra leguntur, usque ad verba « *Communitates et civitates predictas si contra mandatum* ».]

Instrumentum civitatis Urbevetane syndicatus civitatis Tuscanelle (3 avril 1354; fol. 95).

Instrumentum civitatis Urbevetane de tradicione dominii (24 juin 1354; fol. 99–101).

Aliud instrumentum civitatis Urbevetane (24 juin 1354; fol. 101 v°).

Instrumentum renuntiationis et cessionis dominii civitatis Urbeveteris factarum per Joannem de Vico (10 juin 1354; fol. 104 v°). — (THEINER, II, n° CCLXVII, pag. 262).

Iuramentum Joannis de Vico (10 juin 1354; fol. 105). — (THEINER, II, n° CCLXIX, pag. 263).

[Instrumenta varia de cessione civitatis Urbeveteris (25 juin 1854; fol. 106).]

Instrumentum civitatis Viterbii (23 juin 1854; fol. 111).

Instrumentum civitatis Amelie (16 juillet 1854; fol. 115).

Instrumentum civitatis Narnie (21 Octobre 1854; fol. 118).

Instrumenta civitatis Interampnensis (4 novembre 1854; fol. 125).

— (THEINER, II, n° CCLXXV, pag. 267).

Instrumentum civitatis Reatine (7 novembre 1854; fol. 132).